DELİ KI
Se

G

Gülten Akın'ın
YKY'deki kitapları:

Sonra İşte Yaşlandım (1995)
Toplu Şiirler 1956-1991 (1996)
Şiiri Düzde Kuşatmak (1996)
Şiir Üzerine Notlar (1996)
Sessiz Arka Bahçeler (1998)
Uzak Bir Kıyıda (2003)
Kırmızı Karanfil - Toplu Şiirler I • 1956-1971 (2004)
Ağıtlar ve Türküler - Toplu Şiirler II • 1972-1983 (2004)
Uzak Bir Kıyıda - Toplu Şiirler III • 1984-2003 (2004)
Kuş Uçsa Gölge Kalır (2007)
Celâliler Destanı (2007)
Beni Sorarsan (2013)
Kestim Kara Saçlarımı (2016)

Doğan Kardeş
Deli Kızın Türküsü - Seçme Şiirler (2012)

GÜLTEN AKIN

Deli Kızın Türküsü

Seçme Şiirler

Hazırlayan
Raşit Çavaş

YKY
YAPI KREDİ YAYINLARI

Yapı Kredi Yayınları – 3535
Doğan Kardeş – 378

Deli Kızın Türküsü / Gülten Akın
Hazırlayan: Raşit Çavaş

Kapak tasarımı: Nahide Dikel

Baskı: Sena Ofset Ambalaj, Matbaacılık Sanayi ve Ticaret Ltd. Şti.
Maltepe Mah. Litros Yolu Sk. 2. Matbaacılar Sitesi B Blok
Kat: 6 No: 4NB 7-9-11 Topkapı - Zeytinburnu / İstanbul
Telefon: (0 212) 613 38 46
Sertifika No: 45030

1. baskı: İstanbul, Şubat 2012
17. baskı: İstanbul, Ocak 2022
ISBN 978-975-08-2190-5

Yapı Kredi Kültür Sanat Yayıncılık Ticaret ve Sanayi A.Ş.
İstiklal Caddesi No: 161 Beyoğlu 34433 İstanbul
Telefon: (0212) 252 47 00 Faks: (0212) 293 07 23
http://www.ykykultur.com.tr
e-posta: ykykultur@ykykultur.com.tr
facebook.com/yapikrediyayinlari
twitter.com/YKYHaber
instagram.com/yapikrediyayinlari

Yapı Kredi Kültür Sanat Yayıncılık
PEN International Publishers Circle üyesidir.

İÇİNDEKİLER

Gülten Akın'ı Okumak...

Bir şairi okumak onun şiirlerini okumaktır. Oysa has şairleri okumak, şiirine kanını, canını, bütün bedenini katmış şairleri okumak, aynı zamanda bütün hayatıyla onu okumaktır.

Gülten Akın'ın siyasi bakış açısını şiirinde bulabilirsiniz. Kuşaktaşları gibi İkinci Yeni'ye ait olup olmadığını merak ediyorsanız, bunu da şiirlerinde bulacaksınız. Elbette doğa, aşk, ayrılık şiirlerinde de, '70 sonrası toplumsal sorunlarla (gözünün önündeki gencecik mücadeleci insanların da tanığıydı) dolu şiirlerinde de, modern şiire halk şiirinden ödünç alıp mükemmelleştirerek şiirine kattığı geleneksel formlarda da aynı Gülten Akın'ı hiç başkalarıyla karıştırmadan bulabileceksiniz.

Ülkede yasaklar artıyorsa, çağa ters düşen gelenekler hâlâ sürüyorsa, erkeklik kavramı ve baskısı kadınlar üzerinde hâlâ sürüyorsa, bütün bunlara, sadece "kara saçları"nı keserek değil bütün dizeleriyle karşı çıkan bir Gülten Akın'ı baktığınız her yerde göreceksiniz.

Gülten Akın'ın duyarlığını şiirlerinden siz de hissedebilirsiniz. Ama bu duyarlıklar, ucuz duyarlıklar değil, kendisini var eden, bütün benliğiyle birlikte bizi de içine alan, çekip çeviren, okurken etkileyen, okuma bittikten sonra da aldığımız şiir lezzetinin yanı sıra bizi de şiirin sonunda değiştiren bir duyarlıktır.

"Ah kimsenin vakti yok durup ince şeyleri anlamaya" derken aslında anlamsız bir geçmişe özlem değildir söylediği. O eski günlerdeki güzelliklerin, günümüzün "bencil hesapların buzlu sularında" nasıl yok edildiğini söylüyordur o dizelerde. Bu eski günlere özlem dolu bir ağıt değil, yeni günlerdeki bencilliğe, bireyciliğe şiirle yapılmış en güzel (hatta hayli sert) eleştiridir.

Belki de toplum denilen o anlamsız ortalamanın dışında kaldığı için, "bende bir gülten kaldı / hangi bağa diksem yabancı" demesi bundandır. Elbette bu "yabancı"lık, bu uyumsuzluk, bazı eleştirmenlerin baktığında gördüğü gibi karamsarlık değildir. Aksine, karamsarlığı reddeden, gelecekten umut dolu günler bekleyen, belki yaşadığı günleri sevgisiz ve sorunlu gören ama gelecekten de hem kendi umutsuz olmayan hem de bizi kendisiyle birlikte umuda çağıran şiirlerdir bunlar.

Şiirleri seçerken, Gülten Akın şiirine gençlerin ve onu ilk kez tanımaya yola çıkacakların seveceği, Gülten Akın'ı tanımaya uygun olduğunu düşündüğüm şiirler seçtim. Herkesin Gülten Akın'ı kendine. Bir başka seçici eminim bambaşka şiirler seçecektir. (Gülten Hanım, dosyayı gördüğünde, "ben seçseydim başka şiirler seçerdim" dedi.) Ama bunlar benim Gülten Akın şiirlerim.

Şiirleri seçerken, Gülten Akın'ın her döneminden, her kitabından, bütün opus'unu örnekleyecek bir seçme yaptığımı sanıyorum. Umarım başarılı olmuşumdur.

1933 doğumlu Gülten Akın, 1995'te, 62 yaşındayken yayımladığı aynı adlı kitabında, "bir roman kadar uzun bu tümce / -Sonra işte yaşlandım" diyordu. O kitaptan sonraki şiirlerine baktığınızda, 20 yıl sonra bile aslında ne kadar genç ve diri şiirler yazdığını göreceksiniz.

Ne demiştim başta: Bazı şairlerin şiirlerini değil şairi okursunuz. Bu yüzden, bu kitapta seçtiğim şiirleri okurken, Gülten Akın'ı okuyacaksınız.

Gülten Akın'ın şiirlerini değil, şiirlerindeki Gülten Akın'ı...

İyi Gülten Akın'lar...

Raşit Çavaş

RÜZGÂR SAATİ

Adam senin böyle ilk gündüzden
Sulayıp biçtiğin çayır çimen
Üç güne kalmaz tazelenir
Adam senin böyle kuşluk vakti
Ürküttüğün serçeler – iş olsun –
Akşama kalmaz unutur

Benim bir nokta kırılmışlığım
Gözlerimin ardında büyür durur

Aklım ıslıklarla türkülerle
Rüzgâr saatleri evde tutamam
Essin esmesin yollardadır
Rüzgâr saatleri evde tutamam
Serseriler gibi anılarımı
Sokaklar doldurur

Tepeden tırnağa bir usanmışlık
Anı ne bellek ne
Bu şehirden bu parktan uzakta
Neresi olsa olur

Yorgun çayırlar serçeler, yorgunum
Nasıl taşısam ellerimi şimdi
Damda saçakta bacada bir mavi
Sallana sallana uyur

Adam senin sulayıp biçtiğin
Çayır çimen değil bir başka
O makasında suyunda
Oturup kalktığın düşündüğünde
– Öleyim fal değil bilmişlik değil
Gün gibi ortalıkta –
Allahın şeytanın odur

1955

KÖR AYNADAN İNCE KIZA

1.

Ben insanı tüm gösteren aynalardanım
Altı yönlü genişliğine derinliğine
Yüzünden ellerinden biliyorum
Yüreğinde tüm sevda
Yüreğin bana karşı

Şimdi sokaklarda sersefil düşünceli
Ya da pencerelerde yalnız göz
Gürültüler içinde güpegündüz
– Kanın öyle uzak damarlarından –
Uyusan kimseler uyandıramaz

Ilıya ılıya bir yaz gelse
Selim gelse – bak : bu park bu ağaç bu kuş –
Üç yaz tutmuş ellerine dokunsan
Ilıyıp ısınıp çözülsen

Senin sular gibi umudun var
Deniz hayvanları gibi kör karanlıkta
Bir küçük yalan ardından günlerce
Bölüne bölüne çoğalır

>

2.

Ben insanı tüm gösteren aynalardanım
Altı yönlü genişliğine derinliğine
Nerde o kız küçük ince güzel
Nerde içi içine sığmayan
Bir unuttum ellerini yüzünü
Ne yüreğinde sevda
Ne durur bana karşı

Senin sular gibi umudun var
Susuz yosunlar gibi kuytularda
Bir küçük yalan ardından günlerce
Bölüne bölüne dağılır

1955

DELİ KIZIN TÜRKÜSÜ

III

Sana büyük caddelerin birinde rastlasam
Elimi uzatsam tutsam götürsem
Gözlerine baksam gözlerine konuşmasak
Anlasan

Elimi uzatsam tutamasam
Olanca sevgimi yalnızlığımı
Düşünsem hayır düşünmesem
Senin hiç haberin olmasa
Senin hiç haberin olmaz ki
Başlar biter kendi kendine o türkü

Yağmur yağar akasyalar ıslanır
Bulutlar uçuşur geceleyin
Ben yağmura deli buluta deli
Bir büyük oyun yaşamak dediğin
Beni ya sevmeli ya öldürmeli

Yitirmeli büyük yolların birinde ne varsa
Böcekler gibi başlamalı yeniden
Bu Allahsız bu yağmur işlemez karanlıkta
Yan garipliğine yürek yan
Gitti giden

1955

BİR MEVSİM BİR DAL İKİ SERÇE

Son damla mavi gökyüzünde
Kendi kendini içiyordu
Bir dalda iki garip serçe
Bir şeyler kayboluyordu biliyorduk

Bir dalda iki garip serçe
İki kişi biribirini anlıyordu
– Çiçeklere dokunmak yasak –
Bekçi yalan söylüyordu biliyorduk

Güzün teselli kâr etmez
Her şey kendiliğinden oluyordu
Bir başka mevsimde ağaç
Delice yeşilliğinden utanıyordu

Annecik terkedip gitmek istiyordu
Şarkının başını unutmak istiyordu
Terkedemezdi unutamazdı
Biliyordu

1953

SONBAHARDA BİR SALI

Gün Salı haftanın en uzun günü
Saat diyordu, günün en güzel saati
Hürriyet canım Hürriyet ver elini
Kat kat duvarlar ardında
Kendimi bildim bileli bekledim seni

Kayıtsız seyrediyordu yol boyu
Yaprakların düşüşünü üçer beşer
Bilirim diyordu içinden, bilirim
Kişiye istediğini vermezler

Yürüdü düşünceleri bozbulanık
Ürkek serçeler geçti başının üstünden
Bir büyük şehrin kalabalığında
Yaşadığını duyuyordu her şeye rağmen

1952

HAVADA BİR HOŞ AYDINLIK

Havada bir hoş aydınlık bir mavi
Sevgiyse büyük şarkıysa güzel yaşamaksa
Bir yeşil kurt hazla gerinir güne doğru
        Toprakta

Ben şarkıları akıttım sana doğru
İçimdeki ırmağı akıttım
Anlarsan söyleme istediğimi,
        Ölürüm

Bahar gelir alı-al moru-mor
Kuytu yerlerde deli mantarlar biter
Kaya kaya olduğun düşünmez
Yücelerde bir iner bir kalkar

Yürekte bir yavru serçe
Çırpına çırpına yorulur
Çay denize gitti gider
Yaban şehirlere giden unutulur

Bir yeşil kurt hazla gerinir güne doğru
        Toprakta
Havada bir hoş aydınlık bir mavi
Sevgiyse büyük şarkıysa güzel
        Yaşamaksa...

YAĞMUR ALTINDAKİ ADAM

Bir yıldız iliklerine kadar karanlık
Bir adam yağmur altında yalnız
Tahammül edilmez düşüncesine
O inadına yaslanır kayıtsız

Ne söylenecek tek sözü vardır
Ne büyük hikâyesi yaşayanlara dair
Ağır sallanışını duyar yarasaların
Vakit gecedir

O çoktan affetmiştir unutanları
Alır götürür gözlerini bir deniz
Bırakır boşluğa kanatlarını
Bir yarasa gece vakti bahanesiz

1953

KALDIĞI YERDEN

Ne varsa alır götürür bu mavilik
Bu perişan mavilik evler üstünde
Dünyadan habersiz bir böceğin
İlk defa gün vurur gözlerine

Birisi bütün düşüncelerinin sahibi
Hatırası kara elleri beyaz
Unutmak istersin unutursun
Gel gör ki yalnızlığa dayanılmaz

Sımsıkı bağlı geçen zamana
Dal gibi uzayan gündüzler içinde gözlerin
Gözbebeklerin yıllardır
Kendi kendisinin özleminde

Ürpertmez insanı bu saat
Ölüm alabildiğine sıcak
Kaldığı yerden devam eder
Bilinen hikâyesine toprak

1953

KENDİ YALNIZLIĞINDA UNUTULMUŞ

Ağaç köklerinde böcekler vardı
Topraksa üç mevsim davetkâr
Büyük denizler vardı kuşlar vardı
Büyük denizler üstünde kuşlar vardı
Benimse düşüncelerimi bağladılar

İçesiye seyretmeli alacakaranlığı
Gri denizler üstündeki kuş
Gözlerimi ona bağışlıyorum
Kendi yalnızlığında unutulmuş

Bu sonsuz sarılık içinde
Serçeler dilsiz elmalar acı
Eski kıtalar vardı
Sıcak insanlar vardı
Şimdi biribirine yabancı

Gündoğuda bir nöbetçi şimdi
Eski kıtalar ardında mahzun
Ellerimi ona bağışlıyorum
Çaresizlik içinde upuzun

Dilekler büyütürdü gafil kızları
Azizleri vardı şehirlerin
Yer gök arasında çaresiz kalmışız
Gemiler gelsin eski çağlardan
Gemiler dolusu aydınlık gelsin

1952

KADINSI

...Şimdi bilmem kaçıncı paralelde
Kuru topraklara yağmur yağıyor
Bir filmin orta yerinde kaç gecedir
Uzanıp elimi tutuyorsunuz

Elimi her sefer bir şey için
Elimi her sefer bir kere tutarsınız
Sonra bütün davalarımla ortalıkta
Sonra olanca kalabalığımla yalnız

Hava ve deniz arasında
Ekmekle barış arasında
İnanın hepiniz varsınız
Sonsuz şeyler uğruna mesela
Kırılıp dökülen şeyler uğruna
Kendinizi ne çok aldattınız

Dağlar bildiğince yüksek olsun
Gözden uzak tutamam sizi durun
Yaşamak küçük aldanışlarla güzel
Ölümü alın götürün

1954

UZUN YAĞMURLARDAN SONRA

Sen yağmurlu günlere yakışırsın
Yollar çeker uzak dağlar çeker uzak evler
Islanan yapraklar gibi yüzün ışır
Işırsa beni unutma

Alır yürür sıcak mavisi gökyüzünün
Kuşlar döner uzun yağmurlardan sonra bir gün
Bir yer sızlar yanar içinde büsbütün
Her şeye rağmen ellerin üşür
Üşürse beni unutma

Yeni dostlar yeni rüzgârlar gelir geçer
Yosun muydum kaya mıydım nasıl unuttular
Kahredersin başın önüne düşer
Düşerse beni unutma

1954

KESTİM KARA SAÇLARIMI

Uzaktı dön yakındı dön çevreydi dön
Yasaktı yasaydı töreydi dön
İçinde dışında yanında değilim
İçim ayıp dışım geçim sol yanım sevgi
Bu nasıl yaşamaydı dön

Onlarsız olmazdı, taşımam gerekti, kullanmam gerekti

Tutsak ve kibirli – ne gülünç –
Gözleri gittikçe iri gittikçe çekilmez
İçimde gittikçe bunaltı gittikçe bunaltı
Gittim geldim kara saçlarımı öylece buldum

Kestim kara saçlarımı n'olacak şimdi
Bir şeycik olmadı – Deneyin lütfen –
Aydınlığım deliyim rüzgârlıyım
Günaydın kaysıyı sallayan yele
Kurtulan dirilen kişiye günaydın

Şimdi şaşıyorum bir toplu iğneyi
Bir yaşantı ile karşılayanlara
Gittim geldim kara saçlarımdan kurtuldum

O ELİNDEKİNİ

Ellerim tutmanın elleri gözlerim bakmanın
Benim değil ayaklarım yürümenin
Solumaya bir yerlerim sevmeye başkası
Ben yaşamanın olmalıyım öyleyse, değilim

Benim yaşamam mı ne, belki de şu :
Kesin bir şiirde kendi gibi olmak
Bir kapı hep nasıl açılır hani o
Yok bir değişmesi esnemenin hani
Ayna ayna, yankı yankı, akarsu su
Yaşama, hani apaçık ya işte o
O elindekini bitir gidelim

Biter bir yenisi gelir o elindeki mi?
Benim yaşamam mı? Ne gezer canım
Hep böyle kesin mi düşünür isterim
Bir şey aktarır gibi bir elden bir ele
Haydi hep birden ne istediğini bilmemeye
O elindekini bitir gidelim

BAŞKA YAŞAMA

Durdu rüzgârda sallanması
Durdu damarlarınızda kan
Çektiler karanlığa varlığınızı
İttiler aydınlık aşktan

Sizi sevdiğiniz havalara götürdüm
Bir yanınızı buldum usulca dokundum
Eğilip söyledim ben size, söyledim
Böyle bırakmayın kendinizi

Kaçtıkça kendinizden kendinizden
Dışarıya adandıkça
Çoğaldı güçsüzlüğünüz
Tutmadı kıskançlık sokaklardaki
Odalarda sevgi tutmadı
Yoksul ölümlere öldünüz

Ağaçtan maviden denizden uçar
Kendinden uçamaz kuş
Tutunmak ne yeryüzüne aşka
Ölümden korkmak ne
Başka yaşamalar var ucunda
Daha bir aydınlık bir kurtulmuş

Durdu rüzgârda sallanması
Durdu damarlarınızda kan
Çektiler karanlığa varlığınızı
İttiler aydınlık aşktan

YALNIZLIK CAMLARI

Açıktayız gözlerimizin ardı kapkara
Bir ayrılışta yıkılıyoruz
Bir ayrılışta bağlarımız kopuyor
Burası İstanbul

Bazı adamlar var şaşıyoruz.
Avuçlarındaki sıcağı nasıl
Düzenlerini nasıl yitirmiyorlar
Şaşıyoruz burası İstanbul

Akşam kuşlarını İstanbul'un
Damlar üzerinden bir kaldırıp
Başka damlara konduruyoruz
Bu camlar yalnızlık camları
Dışardan yukardan gözlerimizle
Bu camlara yağmur yağdırıyoruz

KAPLAN

Tutman gerek kara köşelerinden ağır bu
Tutman gerek bir kez daha güçlenmeliyim
Ölümlerle o insanca yıkıntılarla gelen
Kışı başka nasıl durdurabilirim

Yalnızlık bakımlı otlar arasında
Kendiliğinden açan çiçek
Bir öğle kalabalığında yolda meydanda
Türlü şaşkınlıklar arasından
Yürüyen sarı ellik sarı atkı
Varsa da bir, bu benim

Güven mi o ağaç ayaklarıyla gelen
Yahut benim gittiğim boşalmış yerlerimden
Boşalmış hani ummaz – Belki de uman hani –
Güven mi, doldurursun becerikli ellerin
Ben sana güvenirim

Sevgi mi kaplan duruşlu
En büyük parçayı kendine ayıran
Bir kendi gözünün ışığında
Biçimsiz yağmurlar yağmurlar yağdırıp
Bütün ateşleri söndüren
– İnsan daha güç durumda olamaz
Bilmem ki ne diyeyim. –

AŞK

Sıfırda insancıl yaşamamız başladı
Sıfırda koptun kayboldun aradık
Sessiz ya da rüzgârlı kıyılardan
Sana seslendik kör kuyu

Yokluğun orda çiçeklerde
Dünya seninle de sensiz de aydınlık
Başka tutkularımız var beraber yalnız
Yokluğun orda yaşamamızda

Varlığın orda, yoksa gecelerimiz bizimdi
Ellerimizi bir yere koymayı bilirdik
Ağlamayı bilmezdik kendimizi öldürmeyi
Varlığın orda yaşamamızda

GÜVERCİNLİ KADIN

Bu yığınla boş göz içinden
Bu alayla eğlenmeye aç
Varlığınızın bir gizli köşesi olmalı
Rahatça kaçıp saklanıyorsunuz

Beraberliğiniz kimselerde yok
Kadınlığınıza seslenince ürkek
Dostluğunuzu tuttular mı cesur
Nerde geçirdiniz tüm ömrünüzü
Böyle karalanmamış çocuk

Elleriniz ne güzel güvercinleriniz
Sizi bıraksalar ha ne dersiniz
Olanlara şaşmamak size vergi
Bu kahrolası şeytan işi
Bitişleri başından duymanız

ÜŞÜMEKTEN DEĞİL KORKU

Yorgun savaşçılarız, yengiler eskitti bizi
Utanırız tadına varmaktan içkilerimizin
Biri bütün güneşleri toplar, vermeye bekletir
Üşümekten değil korku, ısınır olmaktan
Yorgun savaşçılarız, sevgiler ürküttü bizi

Tutulmuş dağ yolları oklar ve tuzaklar
Biri dostluk adına bağışlar çirkinliğimizi
Düz yollara düşeriz yeniden oksuz ve tavşansız
Yılgın savaşçılarız, sevgiler ürküttü bizi.

AYIKLAMA

Sokulurlar dalgınlığa, gövdeleri ıslak
Sayısız kolları yapışkan
Onlar gizlice çoğalırken
Ne çıkar ayıklamaktan

Getirip yığıyor rüzgâr
Bir yandan, bir yandan, bir yandan
Şaşkın ellerimle, yorgun ellerimle
Ne çıkar ayıklamaktan

Saçları kollamalı bir yandan
Yüzleri kollamalı bir yandan
Sıkıntıyı kollamalı bir yandan
Bu bir avuntudur, yoksa
Ne çıkar ayıklamaktan

DUVARDA

II.

Tanımazdık belki, vardı, gerekliydi
O kimdi, biz kimiz, nerdeyiz
Dipsiz bir kuyuya iner arardık
Aramaya keserdi her yerimiz

Hazel gider, Cemil gider
Erkekler atları alır gider
Kadınlar kalırdı kedilerle
Tek gözlü ve ürkek gecelerde

Unutulmuş bir yer olurdu. Aramaz, duvar
Örerdik. Gider gider ağlardık. Sondu.
Yaşlanmıştık.

Biz onu acıdan, sıkıntıdan
Yok oldu yaz boyu birikmiş duvar
Yastık altlarında bir kırmızı bilye
Tutkusunu yalnız taşıyanlar

KİM NEYİ

Bütün kapılar tutulur, uzun aralıklar
Usulca çekilir karanlığa, okşanır
Bir inanç, bir küpe, bir renkli cam bardak
Sezilsin peki, ama bilinmesin
Kim neyi kurtaracak

Az şeylerden koca gürültülerle
Karışılır dünya gürültüsüne
Bir sürçme, bir dolu bakış, bir dostluk
Birden ta yanında o kaçak

Sezilsin peki, ama bilinmesin
Kim neyi kurtaracak

Dünyanın kedisi incecik kapıya
Çizikler, vuruşlar, tırnaklar
Ölünsün yumuşak ellerle, tüylerle
Açılmayacak, açılmayacak

Sezilsin peki, ama bilinmesin
Kim neyi kurtaracak

Bir mutlu iğnenin yeri bu
Üç görkemli kedi şurada
Donsun kıpırtısız, sessiz
Deli kız kendiyle kalacak

Sezilsin peki, ama bilinmesin
Kim neyi kurtaracak

İLKYAZ

Ah, kimselerin vakti yok
Durup ince şeyleri anlamaya

Kalın fırçalarını kullanarak geçiyorlar
Evler çocuklar mezarlar çizerek dünyaya
Yitenler olduğu görülüyor bir türküyü açtılar mı
Bakıp kapatıyorlar
Geceye giriyor türküler ve ince şeyler

"Memelerinde biraz irin, biraz balık ve biraz gözyaşı
Bir dev oluyorsun deniz deniz deniz
sisin dere ağızlarından sokulup akşamları
Fındıklarımızı basıyor
Neyleriz kararan tomurcukları
Çocuklarımıza yalvarıyoruz: Aç durun biraz
Tecimenlere yalvarıyoruz:
Bir "Hotel" bir gizli evlenme az çiziniz
Bir banka az çiziniz bir yalvarma
Bizden size ve sizden dışardakilere

Karılarımızı yolluyoruz tırnaklarını kesmeye ve demeye
– Evet efendim –
Çocuklarımızı yolluyoruz dilenmeye
Bizler gidiyoruz yatağımız tanrıya emanet
Yazların motorlu çingeneleri
Ah, kimselerin vakti yok
Durup ince şeyleri anlamaya

>

Baba evleri, ilk kez girilen ırmağa dönüş
Toprağa tutku, kendinden dolayı
Kulaklarımızı tıkıyoruz: Para para para
Kulaklarımızı açıyoruz: Kavga kavga kavga
Sorar belki biri: Kavga ama neden kavga
Komşumuza sonsuz balta, karımıza yumruklar içinde
– Bilmiyoruz neden kavga.

Sonra kasabamızın cezaevinde
Silgimizi göz önüne yerleştiriyoruz
Günlerimizi iterek genişletiyoruz
Yer açıyoruz karılarımızı düşünmeye
Bizsiz geçen menevşeyi düşünmeye

Durup ince şeyleri anlamaya
Kimselerin vakti olmasa da
Okulların kadın öğretmencikleri
Tatil günlerini çoğaltsalar da
Kutsal nemiz varsa onun adına
Gözlerimiz için bağlar dokusalar da
Birikimler ve çizgiler gitgide gitgide
Açmaya ilkyaz çiçekleri

Bir gün birileri öte geçelerden
Islık çalarlar yanıt veririz

BİR SALI YOLA ÇIKIŞ

Yola çıkış günü sabahıdır
Kentle hesabımız kapanmıştır
Çarşıların akrebini kovsun diye kanımızdan
Kazandibi çağını aşmış salonlar ve kahve

Erkek olsam berberlere giderdim
Yüzüm serin yüzüm beyaz yüzüm ustura
Ben ki yapıştım yalnızca, acı çekiyorum
Çocukluğumun sinekkâğıdına

Salıdır. Kalenin dibinde pazar
On kuruşa kâğıttan el topları
Yirmi beşe düdüklü testi seyyar sinema
Ve parasızına alıştırılan küçük kızlar

Toprakta İhsani öncesi âşıklar
Garip, Yunus, Karacaoğlan
Demirden ve idrojenden geçerek
Lorka ve Breht'le birleşmedeler

Bulunduğum katta böyle sonsuza dek
Yapışıp kalamam
Gösterdiler. Kötülerden birini seçmek
Bense yirmi yıl bıkmadan çizdim duvarları
Bir anaç çizgide derinleşerek

Yola çıkış günü sabahıdır
Dağın dağım, yurtluğun yurtluğum
Ellas beni bekle

OĞLANIN TÜRKÜSÜ

Bizim erkeklerimiz
Dört mevsim bahar gibidir.
Sevişirken, yeniden doğar gibidir
Al atla savaşa girer gibidir
Güzel olur çocuklarımız

Çokturlar, çabuk boylanırlar
Bir aylıkken güler, ikisinde türküye dururlar
Beşinde sığırtmaç, yedisinde sevdalıdırlar
On birinde düğüne ve rakıya ve mavzere
Olursa kır, olmazsa doru.
Yirmisinde, dokuzu bir meydanlarda ölürler

Ey gerçek sesimiz ey büyük kavga
Umut iki midir, bir midir?
Düşman şaşkın mıdır, kör müdür?
Kurşun yediveren gül müdür?
Vurulan ölmüyor, bu nasıl vurma?

Ey gerçek sesimiz ey büyük kavga
Dağlarda suskunluk sürmeli midir?
Hayınlara aman vermeli midir?
Marşlar alanlarda durmalı mıdır?
Sesi iletmiyor, bu nasıl hava?

Derken, mutlu uykulara yatamayanlar
Yirmilerde yâr elini tutamayanlar
Dağa başlarlar.
Dağa başlarlar, çete düşlerler
Burda olmazsa orda
Vurur gider yadellere varırlar

Bu gerçek sanımız, bu büyük sevda
Sabah ılımında üveyik midir?
Akar suda kayık mıdır?
Bir alaca geyik midir?
Çeker götürür kana.

Haksızlık nerde olursa olsun
Zulüm nerden gelirse gelsin
Barışla, sevgiyle olmayacaksa
Ey gerçek sesimiz, ey büyük kavga
Yankılan dağdan dağlara
Yankılan dağdan dağlara

ŞU GİDEN ATLIYA TÜRKÜ

Ben demedim mi
Hazırlandılar
Onların yüz bin kolları var
Kırbaçları sert, yamçıları sağlam, atları kavi
Yeğin git kese sür atınla birleş
Ben demedim mi

Ben demedim mi
Tekin değil koyaklar, dağ yamaçları
Yağmur yağar ki sis basar ki kurt iner ki
Ay bulanığında gümüş rengi çakallar
Ben demedim mi
Yalnız gitme demedim mi

Çiğdeme sor, çeşmeye sor
Tek açan menevşeye sor
Ayrılık getirir ayrılıklar
Birleş demedim mi
Ben demedim mi

BİRİKEN

Her şey birikir
Sözler düşünceler ve nesneler biçiminde
Her şey birikir

Duru sular ters yazılar emek ve gözyaşı
Akıyor sanılan kuruyor sanılan
Haklar haklılıklar, ölüm zulumlar
Uçuyor sanılan her şey birikir
Deney birikir

Bizcil sen de
Kuş mu sandın yalanı yanlışı
Taksan kanatlanır mı?
Yediğin seni yakacak
          Vurduğun seni yakacak
Gör cehennem yok mu var mı?

Her şey birikir
Gösteren parmaklar, gören gözler
Susan konuşan birikir
Yargılarlar davasız dosyasız
Silahsız sözcüksüz kansız kavgasız
Dağ mı değil, ova mı
Kent mi alan mı, değil
Bir ülke insan birikir

O KADINLAR İÇİN BEŞLİ SEKİZLİ

Canıyla ayrılık sürer
Kendi ölümünü kendi doğuran
1 Kocamız ilk oğlumuzdur
Güderken bizi tanrı adına
Yüreği kamaşır huysuzluktan

Derin bir boşluğu söylesin diye
Adımızı e ile a ile çağırırlar
2 Sesimiz kendi göğsümüze içerden
Çarpa çarpa incelmişse
Denizlerimiz sığ dağlarımız düzse
Nasıl yankı veririz

Sordu dışardaki: – Kaç kişisiniz?
İçerdeki yanıt verdi:
– Siz kaç kişisiniz?
3 Ya biz nece kişiyiz biz
Sayılara girmeyenler
Kuşumuz ne renktir, rüzgârımız nerde
Neden gizli çıkarırız kuzularımızı
Yaylaya güzleye

SESLİ AĞIT

Kim attı bu tuzu çocuğumuzun sütüne
Sularımızı bulandıran kim
Hey kim var orda?

Masal mı yaşıyoruz bu kaçıncı çağda
Elmamıza tarağımıza zehir
Nerden girmiş olabilir?

Gün ışığı çağrısız geliyor odamıza
Kaldırıp götürüyor elimize bir kazma
Bir kalem veriyor zorla
Arabalar dolu geçiyor dolu geçiyor
İtiyorlar gidiyoruz yokuşlara koşulmaya
Kırk haramilerden kaçırdığımız geceyi
Ninnileyip uyutuyoruz kollarımızda
Oysa okyaşıp sallayacaktı
Uyutacaktı kollarında kim kimi

Ölüleri yürütüp götürüyorlar
Uzun törenleri unutmamacasına
Yel mi çıktı bir üfleyen mi var
Oysa diriler dolaplarda
Bu soluğu uzun da kim
Düzgün dosyaları kıpırdatan
Hey, kim var orda?

ANNESİ ÇALIŞAN ÇOCUĞUN AĞIDI

Attım. Boyalar ne işe yarayabilir
Yalnızlık için karadan başka
Hangi rengi kullanabilirim
Kuru masa, donuk tavan, somurtuk halı
Solgun durmalı resimlerim

Pencerem kuşları çekmiyor
Soluğu azaldı nergislerin
Üç tarak olsa taranmaz Yuku-Lili'nin saçları
Ben annesi çalışan bir çocuğum

Yollarda damlarda eski yazdan kalma
Mavi çizgileri kar gelir kapatır
Sustum. Sevincin sesleri de
Bir iki deneyip susacak
Duvar diplerinde kedisel çığlıklar
Bahçelerde çirkin kasımpatları açmalıdır

YÜKSEK EVDE OTURANIN TÜRKÜSÜ

Evleri yüksek kurdular
Önlerinde uzun balkon
Sular aşağıda kaldı
Aşağda kaldı ağaçlar

Evleri yüksek kurdular
On bin basamak merdiven
Bakışlar uzakta kaldı
Uzakta kaldı dostluklar

Evleri yüksek kurdular
Cama betona boğdular
Usumuzdaydı unuttuk
Topraklar uzakta kaldı
Toprağa bağlı olanlar

BEBEK İÇİN KARŞILAMA

Geçirdin son güzü, yeli, yaprakları
Sırta omuzlara vuran güneşi
Geçirdin köklere çekilen özsuyu
Kardan önce geldin

Askerler çeksin asma köprülerini
Azgın sular üstünden
Silah bırakılsın demiş olabilirsin
Örtüp üstlerine kaputlarını
Kaygusuz uykularda üç gün üç gece
Dördüncü gün oyuna dursunlar diyebilirsin
Belki Güney Amerika, Asya ve Afrika
Ve Ortadoğuda
Halklar kendi marşlarıyla yürüsün dedin
Ama geç geldin geç geldin

İlerde, daha ilerde
Bir gün olacaksa da
Henüz hiçbiri olmadı istediğinin
Yeni yeni yöntemler buluyor
Dünyanın kiralık beyinleri
Çok paralı efendilerine
Çok yoksul tutsaklar iki dizleri üstünde
Ellerini bir parça oynatmayı düşünmeden
Tanrıya yakarıyorlar

Tanrıyı bir milyarder kılığında
Başkan kılığında
Papamız kılığında bazan
Çokça da general kılığında görüyorlar
Ellerini indirmiyorlar daha
Tutunmuyorlar biribirlerine

Bir gün tutunacaklar
Bir gün başları yukarda
Yüceltip kendileri kendilerini
İnanacaklar yalnız kendilerine
Bunun için
Onlara yol göstermelisin
Çok beklendin ama geldin
Ama hoş geldin

[SEYRAN DESTANI'NDAN]

BİRİNCİ BÖLÜM

Ağıtla başlarız yaşamaya
Konuşmadan önce sövmeyi biliriz
Yarısı alkışsa sözlüğümüzün
Gerisi ilenç
Bizim kadar çabuk hangi desti dolar
Akar hangi böğet
En gergin tel biziz
Amma
Kaç Eyüp şaşkına döner sabrımızdan
Dağları tutmuşuz boylarımızla
Ayakta bir halkız
Kentlerde simgemiz kondularımız
Bin duran uygarlık eskittik
"Göçtür göç"ü vuran davulumuz
Eskimemiştir.
Kente son kapıdan giriyoruz

Karanlığın usul ustaları
Keskin dişli bir köpeği
Üç kişinin yedeğinde gezdiriyorlar
Bize kimliğimizi soruyorlar
Mayısların hesabını soruyorlar
Söylüyoruz
Okusunlar
Sanmasınlar susan bir kuşağız
Bizden sonra bağıracak olanlar
Tartılmıştır gövde
İple sürgünle zulumla mapusla
Tartılınca gövde
Hele hesap sevdiklerimizin başı üstüneyse
Anlaşılmış olmalıdır
Kim kaçaktır kim düzmece kim yiğit

Kente son kapıdan giriyoruz
Hava dingin değil, bastırılmış
Dul bir kadın sessizliğinde
Kavgadan iz yok
Düşman bildiğimiz düşman değil
Aman bu nasıl barış
Barışın böylesi görülmemiş
El işte, ağız yoklukla dalaşta
Kim açmış bunca okulu
Kim basmış bunca kitabı
Herkes ama herkes
Gözleriyle tükürmesini öğrenmiş

>

Kurtuluştan önce sardırın yokuşa
Bir yanınız Bülbülderesi
Altınız Bağlar Caddesi
Sürün, dizleriniz iyce kesilsin
Aman dediğiniz yerde düze vardınız
Sağda sıra sıra apartımanlar
Solda, İncesu'yla Esat arası
Derede tepede kondularımız
Çorum'dan, Sıvas'dan, Kastamonu'dan
Yozgat'tan, Ankara dolaylarından
Öteki kentlerden köylerden
Bir bir, sonraları onar on beşer
Geldik
Geldik Seyranı kurduk.

Toprağa bağlıyız
Toprağa bağlıydık ama değildik onun kölesi
Efendisi de değildik.
Bitmeyen bir pazar kurduk
"Yazın başı pişenin
Kışın aşı pişer" diyerek
Aldık-verdik, alışverişe oturduk
Denge bozuluncaya dek
Ve denge bozuldu bir gün
Çekirgeyi hayladılar yazıya
Ot kalmadı koyununan kuzuya
Şeytan dakneşti işimize
Veriyoruz yine azalsa da
Alıyoruz yine
Ama bizde bir şeyler çoğalıyor
Dipsiz kuyulara dönüyoruz, masal devlerine
Ne versen aç, ne giydirsen çıplak

>

Öğütüyor değirmenlerimiz: Gerek gerek gerek
Motor gerek okul gerek su gerek
Radyo gerek asfalt gerek cam gerek
Beylerimiz kadar güç gerek
Ne bir eğsik, ne bir artık.
Tabancalar alıyoruz
Kimin için? bunu bilmediğimizden
Biribirimizi vuruyoruz
Damlara düşüyor, damlardan çıkıyor
Askere gidiyor, dönüyoruz
Gurbete gidiyor dönüyoruz
Gurbete gidiyor dönüyoruz
Gurbete gidiyor dönüyoruz
Sonra dönmüyoruz bir gün
Kondularımızı kuruyoruz

İBRAHİM

İbrahim'i ıssızda gördüler
Çevirdiler dört yanını dört kara silah
İbrahim yenile on altı yaşında
İbrahim'in suçu büyük
İbrahim halkını seviyor
Dalıyor umutlar içinde
Gelecek aydınlığı düşlüyor

SARDUNYA

Yasadır ansıtalım:
Tohum ekenlerin, fide dikenlerin
Kimse durduramaz yağmurunu
Güneşini kimse kesemez

Fesleğen ekiyorum, sardunya dikiyorum
Arsızmış, öyle diyor komşum
Artık siz istemeseniz de
Açar tohumunu, yayılır toprağınızda

Ne güzel ne güzel ne güzel tanrım
Fesleğen ekiyor, sardunya dikiyorum
Bitiyorum arsızlığına çimenin çiçeğin
Arsızlık bugünden geri
Umut ve direnç demektir
Sokulmak demektir yaşamın koynuna
Özdeşlik demektir yaşamla
İnan olsun dostlar, inan olsun
Dalından kopan sardunya
Bozulmadı bi kez, eğmedi başını
Açmayı sürdürdü diktiğim toprakta

GÜL İÇİN İLAHİ

İnsanlar bir gülü bir senetle
Değiştirmeye alıştılar
İnsanlar başka insanların hayatını
Bir hezaren sandalye midir hayat
Dizip kaldırmaya alıştılar
İnsanlar yüreği ve onuru, alıştılar
Yelin üflediği yaprak mıdır onur
Yürek arsız otlar gibi ayak altında
Tanımıyor kimse kimseyi
Ve kendini tanımak istemiyor
İnsan tanımazsa kendini insan
Nasıl varolabilir

Bu yüzden dünya hey koca dünya
Dönüyor bir ölüler ülkesine
Susanlar şimdilik
Oyunun dışına düşenler
Yalnız onlar doğrulup kalkacaklar
Gün kıyamete erdiğinde

ŞİFAHİ

Gövdem çürüyordu
Leylaklar zakkumlar içinde
Kafesim göğsümü bırakıp gitmiş
Dar boynum lale
Çürük bir köpeği kokluyordum
Kendi işemiği içirilmiş
Baldıran yerine
İlk kez çocukluktan çıktığımdı
Uygulamalı tarih dersinde
Çarmıhtan başlattılar
İsa'nın kolları kan içinde
Sonra bu kollarla çağımızda
Bir kuşu bile kaldıramadı İsa
Elleri kendinde değildi

Kimse
O kimse kimse
Kimse soruyordu
Yanıtı önceden verilmiş sorularla
Buna saldırmak denirdi
Başka zaman olsa
Derken gerilmiş bacağımızda
İçerden tınlayan haşarı diyapozon
Kopuyordu sinirlerimiz
Davuldu tabanımız vura vura
Patlatıyorlardı,
Çıksın diye tın tın tınlayan
Al diyapozon
O inatçı şeytan
Direnç havlıyordu

Nasıl üremiştik gösteriyorlardı
Burgaçlar burgaçlar burgaçlar içinde
Bu yanlıştı bence
Ya da uyutmuşlar bizi anatomi dersinde

Kan dereler gibi, o gerçek o
Nerde taşır bunca kanı şaşıp kalır insan
Karsa dağlar, çıplaksınız kar içinde
Ya da bir kış gölüdür,
Ateş sanıp sizi, söndürüyorlar

İncelmiş azalmış gibiyiz çoğumuz
Büsbütün kurtulur kimimiz ağırlığından
Çarpa çarpa başımızı duvarlara
Çarpa çarpa gövdemizi duvarlara
(Onlar öyle derler sonradan)
Kurtulmuştur kimimiz ağırlığından.

>

Ölüm erkencidir, bekleyemez orda
Demir odalarda
Bir de yüreğimiz durmamışsa
Durmamışsa
Canımız örsüne vuruyorsa hâlâ
Dağılanı toplar sararız zamanla
Zamanla
İnsan
Bazan
İçinden içinden büyür insan bazan
Kök salar kendi derinlerine
Bedenini bağışlar egemenliğinden
Kırılmış bir parmak, bükülmeyen bir diz
Ertelenir eklem, ertelenir kas
Susturulur kan
Derin toplar güllerini
İner yarın bahçesine

VARI SEVDASI OLANA İLAHİ

Ben seni tanımışsam
Tümce kalabalıkta
Şaşırtmışsam ırmağım
Yönünü sana doğru
Ben korkar, sen korkar

Sen ayrısız gayrısız
Cümle canı sevmişsen
Tek tek çıkar soranı
Tümü de senden korkar

Ne varın var, ne yoğun
Dört duvarla bir sevda
Anca ondan vermişsen
Kim korkar, neden korkar

DEREYE İLAHİ

Gün senin
Çünkü sen
Onu kentin haramilerinden
Dövüşerek aldın
Çalışarak aldın
Gün senin
Şimdi sen
Irmağa dökülen derecik
Girdin yoğun geceye
Güneşte kurumuş yatağın
Yorgun taşlarınla
Kendine kendine bakıyorsun
Geceyi dinliyorsun
Şimdi sen
Gün senin
Dünle gitti yitirdiğin
Ve yarın kesenkes
Bulutla yağmurla
Dirileceksin

BEDRETTİN KOÇAKLAMASI

Bir Türkmen kocası söyledi son kez
Hayattan değerli yoktur, bilesin
Ama körpenin, palazın kanıyla
Kanayan bir yol olduğunda hayat
Asma kendi ışgınını kuruttuğunda
Her Bedrettin ölümle uzlaşır
Uzlaşılacaksa

Erdem midir susma, öyle denildi
Ört kepenklerini sıkıca
Sana değmeyene karışma
Yüz alışılmışın sığ sularında

Bilim yumuşak bir döşekse
Bedrettin ayakta

Halk birikir cellat ölür
Zulum bir başına kalır
İp çürür, kurşun çözülür
Bedrettin yaşamakta

Onlar benlerinin kölesi oldular
Değiller
Bir kendi sözlerinin bile sahabı
Gülten çok dostu gördün
Kalsınlar sağlıcakla

YARALI

Ölümcül yaralı o hayvan
Giriyor kentlerin dar kapısından
Sokakları, alanları, çocuksuz parkları
Sürükleniyor
Kandan göller bırakıyor ardında
Bağırıyor
Sesi havamıza siniyor tek boşluk bırakmadan
Sessizlik
Diyor adına onlar
Öyle alışmışlar
Sızlanıyor, acısı damlıyor radyolarımızdan

Ölümcül yaralı o hayvan
Nasıl bir dağsa taşıdığı
Adı her dilde aynı
Ne bir ırmak çağıldıyor üstünde
Ne yaz günlerinde serin bir kaynak
Susuz ve çıplak
Hayvan ölümcül yaralı, susuz ve çıplak
Pörsüyor gün günden, soluyor
Batıyor mekanik tırnakları
Kendi derisinden içeri
Sönecek
Diyorlar usta büyücüler
İzler bulunur mu, hangi bir kazıda
Tükürmeyi beller mi çocuklar

SEVİ DİZELERİ

Özlemi beş geçe de
Ölüme yarım kala
Uslu dost dalgın yörük
Bir yolda bize uğra

Okşadın düzledin dağları
Biçtin dağıttın yelleri
Güzel dost çılgın yörük
Bir yol da bize uğra

Yanağın zemheri ayı
Yarpuz ve fesleğen
Yüzünü yüzüme daya
Beni sana bağlayan ipeği
Soluğunla dirilt
Derdimi kimseye vermek istemem
Erincimi paylaş

Artık sormuyorum, biliyorum
— O geçti mi burdan?
Aramızdaki ipek hışırtısından
Bereketli buğday kokusundan
Süt kabartısından
Masaya düşen güneşten

Sesin sesime katışıyor

GÜLERKEN YÜZÜN

Gülerken yüzün
Dem çeken bir güvercinin sesini
İçin için büyüyen çimenleri
Baharda lunaparkı bayram yerini
Ve alışkanlıklar dışında her şeyi

Gülerken yüzün
Aşıyor geçmişin acılarını
Kendini yarına değiştiriyor

Gülerken yüzün
Sanki çarmıhını kırmışsın
Senin ve ardından geleceklerin
Aylası alnına düşmüş gecenin
Oturmuş ağlıyor kendisi

Bunu öyle candan öyle yürekten
Öyle bir tutkuyla istiyorum ki
Aklımda hep öyle kalmalısın

RED

Yırttı yüzlerce dizesini
Çekti duyulan şiirlerinden adını
Sildi şiire dönüşen sözleri
Yüreğinden

Kendi bedenine tutkunlar ey
Kendi aydınlığını sevenler ey
Yorgan gibi bürünüp geceyi
Kendi sıcağında uyuyanlar
Bu nedir bu nedir, bir gencecik ozan
Yazdı ama size değsin istemedi
Sizi değmez gördüğündendir
Reddetti güzelim şiirlerini
Sizi reddetti

GÖRÜLDÜ

"Görüldü" kimi özlediğimiz
Neyi sevdiğimiz, istediğimiz "görüldü"
Öfkeliysek hangi dağlara vurup
Kederliysek hangi suları izlediğimiz
"Görüldü"
Selamımız ve dikenlerimiz

İçimizde, derinde
Derin denizlerin yaslı göllerin dibinde
Bir umumuz vardır sileriz
Parlatırız gece gece
Damgasız işaretsiz

GÜZ FOTOĞRAFLARI

Bir yerlerde sürgit yapılan bir şeyler
Kımıldamaktadır
Bitenleri vardır, durur orda, olduğu yerde
Çekilmeyi bekler ya da resimlenmeyi
Öyle sanılır
Güzün bir yanında o çini soba
Kendini kaçıran mavileriyle
Öte yanı yağmur
Bitmiş ve fotoğrafı çekilmiş bir kuzineyse
Kış mutfağında
Hiç de sessizce durmuyordur
Çünkü açık pencereden girmiş
Girmeyle birlikte kendini
Duvardan duvara çarpan
Birçok dövme kuşu izliyordur
Kanatları gagaları kan revan

>

Bir de seni seviyorum fotoğrafı
Neden sen yoksun içinde unutmuşum bunu
Atmışsın kendini çerçeveden dışarı
Kurşun gibi ağıp göklerimize
Süssüz ve katkısız kendin olarak
Dönüyorsun
Yaşıyor böylece seni seviyorum fotoğrafı

Akşamlar serindi üşürdük, değil de
Öteki
Onun ardındaki
Kırığım ve yaşlıyım nasıl onarsam kendimi
Bir de saklanmak var kırılan yerlerden içeri
Yırtarım, görmesinler

Ne yapsam onmuyor ne yapsam
İyi çıkmıyor kendiminki

DAR GELİR

Küllü közler gibi için için yandığımız
Usulca yandığımız
Kime sitemdir
Bağrımızda yıkılası dünyaya
Yetecek ateşi beslediğimizi
Kim bilir kim bilebilir

Varsak koca alanlara
Otursak
Otursak dar gelir
Analar
Gün gelir
Kim-bilir

12 ŞUBAT 1920

Maraş'ın kurtuluş günü
Nasıl ilktir Kurtuluş savaşımız
Nasıl örnektir ezilen uluslara
Maraş ilk destandır Kurtuluş Savaşı'nda
İlk gazidir.
Onunçün bizim ilk yazdığımız destan
Maraş'ın ve Ökkeş'in Destanı'dır
Maraş kurtuldu
Duruldu Ökkeş'in kabaran yüreği
Açlığını yorgunluğunu duydu
Soğuğu, uykusuzluğu duydu
Bir gün bir gece uyudu
Sonra kalktı davul zurna
Halaya durdu.

Köye döndüğünde Ökkeş
Söz sözü açtığında
Anlattı yaşadıklarını
Ve ekledi:
— Asıl sonrasını dinleyin kardaşlar
Kapılacak nemler vardır
İşler vardır bellenecek
Bir kez yenilmeyle gider mi düşman
Döner gelir, yine gelir, yıllar sonra gelir
Dostluk suları yürütür aramızdan
Kıya görmüşlere yardım
Yıkılan yerleri onarma
Ve bütün benzerleri gibi dünyada
Dost elini uzatınca
Başını alırlar.
Vermedi elini Maraşlı
Eksik olsun dedi senin dostluğun
İkinci geldiğinde.
Al yardımını başına çal.

>

Durun burasında kardaşlar
Kapılacak nemler vardır
Yollar vardır bellenecek.
Maraşlı, elini vermemesiyle
Silahını bırakmadı
Yetişti komşularının yardımına
Antep, Haruniye, Osmaniye, Adana
Savaşa yeter demedi
"Ya İstiklâl ya Ölüm"
Bütündedir gerçek kurtuluş çünkü
Ancak kurtulduğunda bütün vatan
Bıraktık silahımızı.

KIŞ YOLCULUĞU

Karlı bir bahçede apansız karşıma çıkan
Adını bilmediğim o fırtına mavisi çiçek
Eğilsem baksam yeniden görünecek

Bozkıra uzanmış sereserpe
Gökyüzü maviliğinde
Dünya, onunla ben, ikimiz
Çok genciz daha çok genciz
Okul kaçağı tadında
Gülümsememiz

Dönüş mü hayal mi yaşlandık mı
Aramızda o fırtına mavisi çiçek
Onunla ben dünya ikimiz
Gider döneriz

SEVDA KALICIDIR

Kayboldum
Bir köpeğin bir çocuğu beklediği gibi
Hasretle kamaşık yüreği

Kayboldum
Bağırırlar, seslerinin yankısı
Dönemez bir türlü

Kayboldum
Çevrilir sayılar sonuncuya değin
Ansımaz sonuncu kaçtı, biter telefon

Kayboldum
Herkesin adı okunur, düşmüştür onunki

Kayboldum
Yıllarca beraber uyumak uyanmak
Suya ve ekmeğe uzanmak birlikte
Tartışmak, küsüşmek, sevişmek
Ama sevda nerde sevda nerde

Kayboldum
Kimlere hüzündü kimlere nostalji
Kimler tutkun idi kimler unuttu

Siz hepiniz ölüleri ve mezarları seversiniz
Çoğa sürmez bir gün ben de beklerim

RÖLANS

Aşk onu aramaz, aşk onu aramaz
Yitiktir. Elinde solmuş iskambillerle
İçinde yazları barındıran bu mevsim
Güz bahçelerinde

Nar değişebilir, güzelim kırmızı fenerleri
Küçük bir sanrı bir aldanış
Çifte joker. Herşey hazır. Rölans
Ama eli. Pörsümüş, kararmış, benekli
Ama eli. Ama yaşam katlanır mı çoğalır mı?
Rölans
Yitiktir yine de
Aşk onu aramaz. Aşk onu bulamaz.

BARINAK

Fırtına
Barınak
Gemiler, değil mi?
Ne güzel alışmıştım
Harflerle ve sayılarla yazılmayanlar vardır
Her denize kıyı olabilir misin?

Satranç
Sevgilim
Taşlar
Unut
Kaleleri ve filleri köpekli adamlar tutmuşlar
Söyle ona sıraya dizmekten vazgeçsin

ARKA BAHÇE

Veranda
Merdiven iki basamak
Esmer sahanlık üstünde hanımeli sürgünleri
Solda çeşme
Sağda güller sarmaşık kırmızı
Bir sütunun yarım arkasında
Bahçe, toprak, sonra güller yine güller
Yine sağda taçyaprağı üçlü mavi çiçek
(O tek)
Toprak, ince duvar, asma çit üç ağaç
Erik ayva elma otlar
Papatyalar yaramaz otlarla
Sarılmış çilek
Acem laleleri, serçeler öteki kuşlar
Uçta, denizden yorulmuş turuncu
Tersine çevrilmiş sandal
Paslanmaya unutulmuş gül makası çit üstünde
Tırmık çapa orda burda
Ve yağmur kuşatıyor biteviye
Arka bahçe
Kış düşü mü
Esrik bir kadından dünyaya uzanan sanrının gölgesi mi?

>

Dün daha
O kalabalığın ortasında
Abisi vurulmuş bir kızla yanyana
(Elbet abisiyle birlikte vurulmuş babası annesi de)
Yıllardır ne annesinin yürek yangısını
Ne kırık bir onuru babasında..
Şimdi burda.. Dünya
Arka bahçeyle abisi vurulmuş kızın arasında
Çılgın bir topaç, dön unut düşlere bırak kendini
Dön hatırla

AKVARYUM

Yok saymalıyım artık geçip gittiğini
Ve giderken önüme uzattığın
Hayatın kıyısında
Gizlice görüvereceğim
O birkaç dirhem eskimez gümüşü

Yok saymalıyım, karşılıksız ve cömert
Ismarlamadığım, biriktirilmiş
Çiçek izlerini
Çünkü yansız ve renksiz durayım isteniyor

Törenler ardarda törenler düzenlense
Ülkenin tüm çılgınları geçse önümden
Durmalıymışım
Belki ben durduğumda
Müzmin bir acemisi olarak hayatın
Öyle kendiliğinden
Yağmur kabartır kirleri
Kar temizler
Mi acaba

>

İyi ki şimdilerde
Yeni keşfedilmiş ülserimle
Bu tuzsuz ve edilgen akvaryumda
Başarılar dileyerek
Vizit defterine geçti adımı doktor

Böylece tarihten kovulmak
Ustaca gerçekleşti denebilir
Ne sille ne tokat ne devrim ne kargaşa
Bir dizi bitirim incelik eşliğinde
Örtün öleyim şimdi

GEL DİRİLT DEĞİŞTİR

Uzatırken uçlarını havaya
Sisin ve yağmurun içinden
Kurumuş damarlarıyla seslenerek
Dalın istediği nedir

Suyun istediği nedir
Kışın amansız sesiyle bastırılmış
Akışı düş, yatağı karabasan
Kumu ayartılmış, çakılı sürgünde
Donmuş bedeninde günün özlemi
Suyun istediği nedir

Kentin istediği nedir
Ciğerleri kurum bronşları dağlı
Parkları çalınmış alanları yağmada
Her yanından beton kistler çıkarırken
Kentin istediği nedir

Senin istediğin nedir
Bile bile
Avcunda sıkıca sakladığın
Renkli kırık camlar
İki elin kızıl kanda
Aç avuçlarını sesini yükselt
Gel dirilt değiştir

DEDEM ÖLDÜĞÜNDE

Dedem öldüğünde
Yüz sürerek ayaklarına
Vedalaşmıştı ninem

Annem incecik bedenine
Deli vuruşlar indiğinde
Ağzından çıkan sözcükler şunlardı
"Bağırma, duymasın kimse"

Beni eğitmek içinse
Elini kullanmadı birileri, hayır
Buna teşekür mü etmeliyim
Bir var ki alttan almalıymışım onlara göre
Bana yöneltilene karşılık
Bir aşağda olmalıymış sözlerim

Öldü barbar da köle de, ölsün
Toprağa karıştı zalim mazlum
Sabrı örseledi öfke, aşındı kendisi de
Egemene karşı evde dışarda dünyada
Şimdi sözüm davranışım özgürce, eşit eşite
Bunu çocuklarımızdan öğrendim

ÇOCUKLARI EŞİT TUTUN

Has ipek yanında pamuk giyinenler
Eşit tutulmayan çocuklar o güller
– Çocukluk aman çocukluk –
Üstünlüğün büyüsüne yanar dönerler
Sonra dar gelir utkular övmeler
– Çocukluk aman çocukluk –
Ağızlarındaki balı
Yaşama çılgınca tükürürler
Verseniz verseniz sevgiler az gelir
Sevgisiz sitemsiz öfke göllerinde
Ölürler

SENİ SEVDİM

Seni sevdim, seni birdenbire değil usul usul sevdim
"Uyandım bir sabah" gibi değil, öyle değil
Nasıl yürür özsu dal uçlarına
Ve günışığı sislerden düşsel ovalara

Susuzdu, suya değdi dudaklarım seni sevdim
Mevsim kirazlardan eriklerden geçti yaza döndü
Yitik ceren arayı arayı anasını buldu
Adın ölmezlendi bir ağız da benden geçerek
Soludum, üfledim, yaprak pırpırlandı Ağustos dindi
Seni sevdim, sevgilerim senden geçerek bütünlendi

Seni sevdim, küçük yuvarlak adamlar
Ve onların yoğun boyunlu kadınları
Düz gitmeden önce ülkeyi bir baştan bir başa
Yalana yaslanmış bir çeşit erk kurulmadan önce
Köprüler ve yollar tahviller senetler hükmünde
Dışa açılmadan önce içe açılmadan önce kapanmadan önce
Nehirlerimiz ve dağlarımız ve başka başka nelerimiz
Senet senet satılmadan önce
Şirketler vakıflar ocaklar kutsal kılınıp
Tanrı parsellenip kapatılmadan önce
Seni sevdim. Artık tek mümkünüm sensin

PARİS

Ben ben ben Paris'teyken
Aman aman ben Paris'teyken
Bahardı dallarda gezen

Ben ben ben Paris'teyken
Aman bir Sacre-Coeur, Notre Dame
Pır pır kölelerin gölgesi
Kara ve beyaz işçiler işçiler
Paris'i her gece yeniden kurarlar

Paris'i her gece yeniden kurarken
Kulesi duvarı freski vitrayı
Kuran benim yapan benim diyemeden
Her gece aman aman her gece
Kara ve beyaz ölüler
Altından soğuk taşların
İnce ezgilerle seslenirler

KISA ŞİİR / bir

Bir roman kadar uzun bu tümce,
– Sonra işte yaşlandım.

AYRINTILAR İLAHİSİ

Ben neyi kimden aldım, nerden aldım
her şeyi bir yerden aldım
yorgunum yorganım uzakta dışarda
sabrımı bolca verdiler içerden aldım

sözler gelip geçsin diyedir, öfke sen bekle
örselendin ağrıdın oyuldun, henüz değil ölüm
ten bekle
bağırmalıyım, çığlığım kıştan ilkyaza değmeli
A yasak, hayır korkulu, evetten usandım

Mecnun masaldan atılmış –tele şov–
milyonla kopyeye bölünmüş Leyli
suretler ne gülümseyiş ne sır ne şaka
sandım ki gülümser maskeleri
suretler sandım

durur muydum bu gömütlükte neyim var
tuhaf dedi çılgınca tuhaf
ayrıntılar, paslı sürgüler, yosunlu taşlar
ya altındakiler ardındakiler
Gültene kandım

O BAHÇE O KADINLA

Kendinin zalimi bir kent
kendinin zalimi bir kadınla
nasıl arkadaş olabilir
biri ötekine uzandığında
öteki kaçmaya ya da intihara

kendinin zalimi bir sokak
kendinin zalimi bir kadınla
nasıl arkadaş olabilir
biri gündüzün gezintiye
öteki zifiri gece

kendinin zalimi bir ev
kendinin zalimi bir kadınla
nasıl arkadaş olabilir
biri su diye uzandığında
öteki kül dokunulmazlığında

kendinin zalimi bir bahçe
kendinin zalimi bir kadınla
şöyle arkadaş olabilir
birinin buzları altından
bir çiğdemin başı göründüğünde
öteki gülümser eliyle yüzüyle bedeniyle

AKSATA

Günle kaplanmış bir akvaryumda
öyle yüzdüm öyle yüzdüm
kendi gözümden düştüm

bunca yıl üstümden silkelediğim
dünya karışıyor
baktım aşkla da aramıza

bu yoktan ilinti, şeylerin çekimi
ne zaman girdi hayatıma
ne işim var ne işim var
alınır satılır olanla

ey uğruları uzun yolumun
saklı cevheri diriltmeye
yeter mi attığım safra
eski yalnızlığım geri döner mi

yine ıssızlığım içinde bul
bağıma dadan evimi dolaş
suyumu biriktir
hüznümün tüccarı

BALİNA

Göğü gördüm imkâna tutuldum düşü sevdim
dalıp çıkmalarım "orda bir şey"e dönüktü
kaç kez bir şey, başka bir şey
sıçradım hem yittim
hem belirlendim
derin durdum, teknenin altına girdim
sarstım
sarsıldım vuruşun gitgide usta vuruşuydu
sustum düşe düştüm
senin mi kan, yaralarımdan mı
hey kaptan
ne balinayım ben şimdi inadı içinde
ne senin mavi balinan

TUHAF BİR AŞK

Kırılıyoruz, ya sen ya ben
ya da kırılmışlığımız
öyle derin öyle onarılmaz
bir yol arıyor yüzeye vurmak için
bir bahane. Onarılamıyoruz
onaramıyoruz, ekimiz görünmeden
sen ve ben

aramıza gerilen sahte deri
katılaşmış, çatlayabilir ancak, çatlıyor
sızıyor kan senden ya da benden
bazan ikimizden

bilemiyoruz yaşamayı severek
ve sevmeden
belki hem severek hem sevmeden

böyle parçalanarak dağılarak
mı ölünür?
dünyaya bir bütünlük bırakmadan
oysa ölüm bile usul usul
yaşama benzer yaşama benzer

DÜŞ

Perişan bir melek gibi yaşadı, öldü
hayattan çok alacağı vardı da
sitemkâr bile değildi Tanrısına
belirdi, yatağımın ayakucunda durdu
gülümsedi
beni aştı bakışları, onu imledi
kendine benzeyen yakınımdakini
o çağrılmıştı.

suyun dinlendiği taşlar, sarnıç
can uykularda dinlenir, bir de ölüm
küçümsendim
dünyayla aramdaki sıcaklığı ölüm küçümsedi
anladım
düş gerçekleşecekti
gerçekleşti

o çoktan çürüdü
ben yeni çözüldüm

SAKLAYAN KADINLAR ŞİİRİ

O telefona çıkma, o kapıyı açma
ona dokunma
sarnıcı besleyen suyu sonsuza
sakla, sende sürsün aşk

TEŞEKKÜR

En zor mektuplardır teşekkür mektupları
yazılan yazılamayan yazılmasından korkulan
ne ertelesen çok
ne yazsan az ne göndersen
yaşa sığınırsın hiç istemeden
bağışlanmayı umarak

YAZ ODASI

Uzun kıştan serin bahardan sonra
kadın, dantelli perdenin yastıkların minderlerin
bitirilmiş, kapısı örtülmüş
sabahın güleç evinde
ben neredeyim?

hâlâ mor lamba, turuncu halı
sedef kakmalı cam dolap
hâlâ kadının dizi dibinde
durduğum yerdeyim

elime kitaba gözlerime
güneş
okumayla uyuklama arasında
ordayım belki burdayım

camda, vişne dalı, kaybolan gölge
uzakta sararan üzümler, eski asma
başıma dokunan narin beyaz eli
hâlâ saklıyorum

adam bağırıyor, hep bağırırlar
adamın buyurgan sesiyle bölünür
bölünsün. Onları usulca
topladım topluyorum
biter, ben giderim, olsun
sürdürür sözcükler

GÜLÜMSERDİM

Karanlığı sevmem, ben olsaydım
akşamın bütün ışıklarını yakardım
odaya dışardan bakıyorum, bir kadın
hemen kalkacakmış gibi koltuğun ucunda
yandan eğilmişsin
yüzün yüzüne yakın, elin kadının omzunda
o ben miyim? nice eski ki unuttum
öyle diyor kadın başı önünde
"senden yoruldum"

belki diyemezdim ben olsaydım
küçük küçük gülümserdim belki
belki elini tutardım
oda çok karanlık, ben olsaydım
akşamın bütün ışıklarını yakardım

KUŞBAZ

Kuşun hayatına girmeseydim, severdim
kuşlar hayatıma girmeseydi
istediler (efendim)
şahini büyüttüm besledim
uçurdum, istediler
konduğu kol efendimin
severdim aslında kuşları severdim
tahta köşkler yapardım, severdim
suya inerlerdi severdim
ayrı ayrı uçsaydık konsaydık
odaklandım, yok başka hayatım
olsaydı severdim

ORDA KALDIM

Giden gitti –yiten zaman–
açtığın kapıdan girdim, adımı söyledin
işte orda kaldım

herkes nerde? (gibi yanlarında durdum)
yiten zaman –onlar öyle sandı–
hiç ayrılmadım ki –aklım–
ben orda kaldım

senden bana hiç durmadan akan neyse
olsan olmasan
yansıladım –yüreğim ben–
sen yoksan da iki olduk
gidenlerle gittim –gibi–
dünya –zaman–
ben orda kaldım

LEKE

Çağın en karmaşık yerinde durduk
biri bizi yazsın, kendimiz değilse
kim yazacak
sustukça köreldi
kaba günü yonttuğumuz ince bıçak

nerde onlar, her kımıldayışta
çakan tansık, ışıldatan büyü
bir gün daha görülmedi
bir gün daha geçti otları soldurarak

öğrendik de körmüş, sanki yokmuş
ne yol ne bir geçip giden
ne kaydını tutan geçip gidenin
dediler ki
onları kilitle, anahtarı eski yerine bırak
oysa
utanılacak bir şeymiş, öyle diyor Camus
tek başına mutlu olmak
sesler ve öteki sesler, nerde dünyanın sesleri
leke dokuya işledi
susarak susarak

KÖRLEŞME

"Körleşme" diyor telefondaki ses
bakmadan yürüyüp gidiyoruz
ırmak yanımızdan akıyor,
dağıttığımız boşa gittiğini sandığımız
sözcükleri bir bir derleyerek
bir gün yeni bir yatak
açmak için kendine
umutlanıyoruz.

büyücü değiliz, bir solukta
değiştiremiyoruz
akarken akarken yanımızdan
ırmak değiştirir umuyoruz.

"körleşme" diyor telefon

gözlerimiz...
ortaya anılar atıyoruz
insanlar mı kuzular mı
seçilemiyoruz.

>

ırmak yanımızdan akıyor
yatağını zorlayarak, yıkarak bazan
bakmadan geçip gittiğimiz
o sislerin, pusların içindeki, ah
geri dönüşlerle yürüyor kimimiz
düşleri azaldıkça anıları artıyor
onlar bizim delilerimiz mi
kilitleyip unutuyoruz.

durmadan unutmak unutmak unutmak
teselli. Kendimizi koyveriyoruz
hiçbir şey kaybolmaz diyoruz.
Hâlâ körleşmeden söz ediyor telefondaki
o da susar büsbütün
lâl-ü ebkem kalırız.

GÜVERCİN AĞIDI

İkimiz de güvercini sustuk
gökyüzü her günkü yerindeydi
leylakların günü sonra
            süsenlerin günü
sonra güller bütün bir yaz
o yoktu tek
uzun boynundan bilirdik
kanat seslerinden

her şey yerli yerindeydi
tek oydu eksilen
ikimiz de güvercini sustuk
balkon soldu

AŞK VE SILA

Olsam küçük bir kız olsam
denize bakan evlerde
düşlerimden çıkıp gelse
beyaz yelkenliyi görsem
yanaşmak istese yanaşamasa
kıyılarım çekildikçe çekilse
işte bu

olsam olsam ağaç olsam
çekirdekten bitme erik ağacı
dallarım yaprağım çiçeğim
budansam, sahibim efendim
kaysıya çevirmek istese beni
bağırsam bağırsam sesim çıkmasa
rüzgâr bile sesimi taşımasa
işte bu

Taylıeli'de tay olsam
uzansam limana değsem
tutsak gemileri salsam deryaya
ıslığımla fırtınayı durdursam
uyansam ki ayağım bukağıda
işte bu

yakınımda çok yakınımda
sesine konan kuşları duyuyorum
dokunamadıkça varsın, ordasın
elimi uzatsam yok olacaksın

sılamsın

TAŞ

Dar günlerde usulca seslenişe
usul bir yankı arayan
umutsuz susarsa
taş kesilir dünya da

büyürüz
silahlar ölçmese boyumuzu
büyürüz erik
büyürüz badem
büyürüz akasya
elbet büyürüz
geç olmadan, sonsuz geceye girmeden
herkes döktüğü kederi toplasa

Sezen'in sesinden fado dinlesek
hangi dala düşer güneş
çiçeği söylese
bir gün konuşmadan bile bir
anlaşsak
ölüm o pervasız zalim
senin de odanda konukken
sen neyin zalimisin?

AH ÜLKE

Demir akkor halinde, esas demirciler
yedi kat yerin dibinde ve görünenler sahte
önce evliyalar gibi resim veriyorlar
çerçeveden bir çıkınca bir çıkınca
kolları uzanınca örse
üstünde alanlar dolu zambak
vuruyorlar, vuruluyor düşüyor
zambak dönüşüyor lâl'e

Ferhad'ın kesik kolları bir değse toprağa
su uzakta birikiyor hâlâ
söylenti bu, kulaktan kulağa
Mavi Kuş'un sahipleri esas demirciler
bir gün masallardan dönecekler
— şimdi mi, burda mı, bu durumda mı?
şimdi aşk bile zorba

GÜLTEN AKIN *(Yozgat, 23 Ocak 1933 – Ankara, 4 Kasım 2015).* Şair, oyun yazarı.

Nüfus kaydında Gülten CANKOÇAK. Gülten Akın Cankoçak imzasını da kullandı. Emsal Hanım ile memur Nurettin Akın'ın kızı. Ankara'da Atatürk Kız İlkokulu, 4. Ortaokul ve Atatürk Kız Lisesi'ndeki öğreniminden sonra 1955'da AÜ Hukuk Fakültesi'ni bitirdi; aynı yıl Yaşar Cankoçak'la evlendi. 1959'dan itibaren, kaymakamlık yapan eşinin görevi nedeniyle bulunduğu Gevaş, Alucra, Gerze, Saray ilçelerinde ve Kahramanmaraş'ta avukatlık ve öğretmenlik mesleğini sürdürdü. 1972'de Ankara'ya yerleşti. Bir süre TDK Derleme ve Tarama Kolu'nda çalıştı, Kültür Bakanlığı Yayın Danışma Kurulu üyeliğinde bulundu (1978-79), İnsan Hakları Derneği ve Dil Derneği gibi örgütlerin kuruluşuna katıldı. 1978'de emekliye ayrıldı.

İlk şiiri ("Çin Masalı") 1951'de *Son Haber* gazetesinde çıktı. *Hisar, Varlık, Türk Dili, Yeditepe, Mülkiye, Seçilmiş Hikâyeler* dergilerinde yayımladığı şiirlerle adını duyurdu; sonraki yıllarda şiirlerini daha çok *Adam Sanat* ve *kitap-lık* dergilerinde yayımladı. İkinci Yeni akımının yaygınlık kazandığı döneme rastlayan ilk şiirlerinde doğa, aşk, ayrılık, yalnızlık, özlem gibi temalara ağırlık verdi. 1970'lerde toplumsal sorunlara yöneldi ve halk şiiri geleneğinden, özellikle de destan, ağıt, türkü, ilahi gibi türlerden yararlanarak, kaynağını halkın yaşamından alan şiirler yazmaya başladı. En önemli yapıtı olarak gösterilen *Kestim Kara Saçlarımı*'da yasaklara, çağa ters düşen kalıplaşmış gelenek ve törelere, kadının tutsaklığına başkaldırıyı, toplumsal çelişkileri güçlü bir şiir diliyle ele aldı. Özellikle bu kitabında İkinci Yeni şiirinin dil olanaklarından yararlandı.

Kadın sorunlarından felsefi sorunlara uzanan bir yelpazede köklü bir yalnızlık duygusuyla bezeli karamsar bir şiir yazdığı kabul edilmiştir. Tutkuları ve düşünceleri baskı altında tutan birtakım toplumsal yasalar karşısındaki çaresizliğe duyduğu isyanı simgesel bir anlatımdan yararlanarak başarıyla şiirleştirdi. Her türlü toplumsal olayı ve sorunu işlerken şiirden ödün vermemesi, halk şiirinin destansı ve masalsı öğelerine yaslanarak kendine özgü bir söyleyiş geliştirmesi ile dikkat çekti. Şiirlerinde sevgisizliğin kıskacından, yoz değerlerden kurtulmanın yollarını araştırırken bilgelik dolu bir tutumla titiz bir işçiliğin örneklerini verdi. İlerleyen yıllarda ustalıklı bir biçimde şiirinin etki alanını genişlettiği söylenebilir.

Şair, sürekli kapalı yerlerden dışarıya, sokağa ve gökyüzüne açılmak ister. Kadınlar, yuvasını ayakta tutmak adına törelere boyun eğerek erkek bencilliği ve yoksulluğa katlanırken küçük sevinçlerle yetinmek durumunda kalırlar. Ona göre yaşamı ruhsal doyumsuzluk içinde büsbütün sevgisiz geçen kadın, ıslanmış serçeye benzer. Sığ bir yaşamın kuşatması altında köklü bir yalnızlık ve hüzün duyguları yaşanır. Savaş, terör ve ecelle gelen ölümün büyüklüğü karşısındaki çaresizlik, şairin bir başka temasıdır. Toplumun çifte standartlı insanlarını yerer; tutkuları, düşünce ve duyguları baskı altında tutan katı yasakların insanlık onurunu zedelediği ve benliği kuruttuğunu vurgular. Akın, çoğu yerde şiirini kendisi ve başkaları arasında gidip gelerek örer.

Şiirinin gelişim süreci göz önünde tutulduğunda üç dönemden söz edilebilir. İlk dönemi *Rüzgâr Saati, Kestim Kara Saçlarımı* ve *Sığda*, ikinci dönemi *Kırmızı Karanfil, Ağıtlar ve Türküler* ve *Seyran Destanı*, üçüncü dönemi *İlahiler, 42 Gün, Sevda Kalıcıdır, Sonra İşte Yaşlandım* ve *Sessiz Arka Bahçeler*'dir. İlk dönem şiirlerinde yalnızlık, terk edilmişlik, güvensizlik gibi duyguları ince ve arı bir dille ele aldı. Bu yönüyle B. Necatigil şiirine yakın durduğu belirtildi. Akın'ın etkilendiği şairlerden biri de Cahit Külebi'dir. İkinci dönem şiirlerinde bireyin toplumsal konumundan kaynaklanan dinamiklerle yoksulluk ve adaletsizliğin yenilebileceğine ilişkin umutlar sergilenir. Toplumsal kurtuluşun yakın olduğuna ilişkin inanç bu umudu yer yer coşkuya dönüştürür. Akın bu şiirlerinde daha çok kırsal kesimde yaşayan halkı ele alır. Özellikle göç olgusunun tarihsel ve siyasal kökleri üzerinde durarak ortak bir ruh halini anlatır. *Kırmızı Karanfil* adlı şiir kitabının bu dönem içinde ayrı bir yeri vardır. Bu kitapta çok farklı söyleyiş biçimleri ve diğer kitaplarında rastlanmayan coşkulu bir dil egemendir. Ancak *Ağıtlar ve Türküler* ile yine o kendine özgü rafine şiir dilini yakalamıştır.

Üçüncü dönem şiirlerinde ise topluma ilişkin umudunu ve güvenini yitirmiş ancak bireysel direncini korumaya çalışan kaygılı bir ruh hali gözlenir. "Dünyaya sığamama" teması bu döneme damgasını vurmuştur. Terör ortamından yara alanlarla, yaşananlara duyarsız kalıp toplumsal refahtan payını almaya çalışanların oluşturduğu ikili bir dünya söz konusudur. Şair bu noktada etik nedenlerle mistik bir dünyanın kapılarını aralar ve bilgelik yüklü bir söyleyişi benimser. Özellikle *Sonra İşte Yaşlandım* ve *Sessiz Arka Bahçeler* adlı kitaplarında toplum, dil ve iletişim biçimlerinde gittikçe su yüzüne çıkan kirlenmeyi ironik bir dille eleştirdi. Bu kitaplarında söyleyiş ve anlatım tekniklerini geliştirdi; eksiltili bir anlatıma yöneldi

Şiir üzerine yazdığı yazıları ve kendisiyle yapılan söyleşileri bir araya getirdiği *Şiiri Düzde Kuşatmak* adlı kitabında toplumcu edebiyatın kökeninin halk edebiyatına dayandığını belirtir ve amacının "halkta var olan öz ve biçimi diyalektik olarak yükseltmek, şiiri yükseltirken, halkın yaşamının ve yaşam biçimlerinin yükseltilmesine yardım etmek" olduğunu söyler. Bu kitabının önsözünde şöyle der: "Eski bir ozan geleneğidir sanıldı: Onlar şiirlerini yazsınlar, az konuşsunlar, düze inmesinler. Yok. Bu bir gelenek değil bir kuraldır. Üstelik ozanın da değil. Camdan kulesinde büyüsel oyunlar yaparak kendilerini eğlendirsin isteyen kentsoylunun. Kim unutturmaya çalışırsa çalışsın biliyoruz, ülkemiz şiirinin geleneğinde işlevsellik vardır, halk için, hayat için. Bu işlevselliğin bir sonucu da, ozanın neyi, niçin, kimin için yazdığını bilmesi, bunun hesabını vermesi. Düze inmesi, bir sis çanı gibi uyarıcı olması da var. Genç ozanlara birikimini açık seçik aktarması görevi de var."

Oyunlar da yazmış olan Akın'ın şiirleri İngilizce, Almanca, Flamanca, Danca, İtalyanca, Fransızca, Bulgarca, Arapça, Lehçe, İspanyolca ve İbraniceye çevrildi. Gülten Akın şiiri Türkiye'de ve yurtdışında çeşitli akademik çalışmalara konu olmuştur. Ayrıca 40'ı aşkın şiiri başta Zülfü Livaneli, Grup Yorum, Bilgesu Erenus ve Sezen Aksu olmak üzere birçok sanatçı tarafından bestelenmiştir.

Ödül: 1955 Varlık Dergisi Şiir Yarışması (birincilik ödülü; Teoman Karuhan'la paylaştı); *Sığda* ile 1964 TDK Şiir Ödülü; *Maraş'ın ve Ökkeş'in Destanı* ile 1972 TRT Sanat Ödülleri Yarışması (başarı ödülü); *Ağıtlar ve Türküler* ile 1976 Yeditepe Şiir Armağanı; *Sevda Kalıcıdır* ile 1991 Halil Kocagöz Ödülü; 1992 Salihli Belediyesi Dionysos Ödülü; *Seyran* ile 1992 Sedat Simavi Vakfı Edebiyat Ödülü (Memet Fuat'la paylaştı); 1998 Truva Folklor Ödülü; *Sessiz Arka Bahçeler* ile 1999 Akdeniz Altın Portakal Şiir Ödülü; 2005 TÜYAP İstanbul Kitap fuarı Onur Yazarı; 2008 Erdal Öz Edebiyat Ödülü; 2008 Kültür ve Turizm Bakanlığı Kültür Sanat Hizmet Ödülü; 2014 Metin Altıok Şiir Ödülü. 2008'te Milliyet Sanat Dergisi: Yaşayan En Büyük Türk Şairi seçildi, aynı yıl Indiana Üniversitesi Yayınlarında Hilal Gürsel'in kaleme aldığı *Voice of Hope: Turkish Women Poet: Gülten Akın* kitabı yayımlandı.

Yapıtları: Şiir: *Rüzgâr Saati,* İst.: Varlık, 1956; *Kestim Kara Saçlarımı,* İst.: Yeditepe, 1960; *Sığda,* Ank.: Ankara Üni., B., 1964; *Kırmızı Karanfil,* İst.: May, 1971; *Maraş'ın ve Ökkeş'in Destanı,* Ank.: TDK, 1972; *Ağıtlar ve Türküler,* 1976; *Seyran Destanı,* (Abidin Dino'nun çizgileriyle) İst.: Cem, 1979; *Seyran,* (toplu şiirler) 1982 [yb İst.: Adam, 1992]; *İlâhiler,* İst.: Alan, 1983; *Sevda Kalıcıdır,* İst.: Adam, 1991; *Sonra İşte Yaşlandım,* İst.: YKY, 1995; *Toplu Şiirler 1956-1991,* İst.: YKY, 1996; *Sessiz Arka Bahçeler,* İst.: YKY, 1998; *Toplu Şiirler 2 1979-1998,* İst.: YKY, 2000; *Uzak Bir Kıyıda,* İst.: YKY, 2003; *Kuş Uçsa Gölge Kalır,* İst.: YKY, 2007; *Celâliler Destanı,* İst.: YKY, 2007; *Beni Sorarsan,* İst.: YKY, 2013.
Oyun: *Toplu Oyunlar,* İst.: YKY, 1997.
Anlatı: *42 Gün,* İst.: Alan, 1986.

Deneme: *Şiiri Düzde Kuşatmak,* İst.: Alan, 1983 (yeniden düzenlenmiş baskı, İst.: YKY, 1996); *Şiir Üzerine Notlar,* İst.: YKY, 1996.
Diğer: *Halk Dilinden Bir Top Gül,* (derleme) Ank.: TDK, 1973; *Derleme Sözlüğü* (1. ve 2. cilt ortak çalışma ve 11. cildin yazımı); *Hürriyet Okul Sözlüğü,* (C. Soytemiz'le) İst.: Hürriyet, 1985; *İzlediğimiz Sular,* 1991.
Kaynaklar: *BF* (14 Nisan 1999); Necatigil, *İsimler,* 29; Nebioğlu, 30-31; T. Alangu, "Kestim Kara Saçlarımı", *Vatan,* 16 Mart 1961; H. Cöntürk, "Gülten Akın", *Dönem,* Mart 1964; R. Tomris (Uyar), "Sığlıkta O Kadın Tek Başına", *Papirüs,* Ağustos 1967; R. Mutluay, "Şiir Birikimleri", *Cumhuriyet,* 20 Temmuz 1971; E. Özdemir, "Ağıtalar ve Türküler", *Varlık,* Temmuz 1972; D. Hızlan, "Ağıtlar ve Tüküler", *Cumhuriyet,* Aralık 1976; S. İleri, "Maraş'ta, Hatay'da Orda Burda", *Politika,* 26 Ocak 1977; E. Çankaya, "Halk Olmanın Türküsü", *Türkiye Yazıları,* Ekim 1980; M. Fuat, *Çağdaş Türk Şiiri Antolojisi,* İst., 1985, s. 43; K. Ertop, "Gülten Akın'ın Şiiri", *Gösteri,* Eylül 1985; M. Aydın, *Ne Yazıyor Bu Kadınlar,* Ank., 1995, s. 123-137; A. Özer, "Gülten Akın'la Söyleşi", *Karşı Edebiyat,* Mayıs-Haziran 1986; Y. Kayıran, "Gülten Akın'ın Şiirine Bir Giriş Denemesi", *Sombahar,* S. 21-22 (Ocak-Nisan 1994); A. Cengizkan, "Hikmet Burcunda Gülten", *kitap-lık,* S. 17-18 (1995); S. Sezer, "Sonra İşte Yaşlandım", *Varlık,* Mart 1996; G. Akın, *Şiiri Düzde Kuşatmak,* İst., 1996, s. 7; A. Tüzün-D. Ayas (haz.), *1999 Akdeniz Altın Portakal Şiir Ödülü Sempozyumu: Sessiz Arka Bahçeler Odağında Gülten Akın Şiiri,* Antalya: Altın Portakal Kültür ve Sanat Vakfı, 2000; G. Emre, "Gülten Akın Şiiri: Sevdalı Rüzgâr", *Cumhuriyet Kitap,* S. 531 (20 Nisan 2000).

Şiirlerin Yer Aldığı Kitaplar